Baklol Dost Aur Goa

OrangeBooks Publication

Smriti Nagar, Bhilai, Chhattisgarh - 490020

Website: **www.orangebooks.in**

First Edition, 2022

ISBN: 978-93-5621-050-9

बकलोल दोस्त और GOA

Shivam Khurana

OrangeBooks Publication

www.orangebooks.in

Introduction

"Goa Goa har koi kare
Goa mae aisa kya hoye
Je sath ho baklol dost
To Goa mae sirf siyapa hoye"

Har manzil ka ek safar hota hai aur har safar ki ek kahani, magar dosto ke sath safar mae sirf kahani nahi bahut si bakloli aur siyapa bhi zaroor hota hai.

Ye kahani delhi ke sath lagte hue ek sheher faridabad mae rehne wale 5 dosto ki hai. Ye 5 dost abhi nae- nae jawan hue they aur man mae tamanna thi goa jane ki aur vaise bhi har north indian ka ek sapna hota hai life mae ek bar goa ghumne ka. In dosto ki kahani 2015 February ki hai jab ye log pehli bar goa gaye they.

To kar lijiye apna bag pack aur chaliye humare sath goa ke safar par vo bhi unlimited bakloli, full on pagalpanti aur siyapa ke sath.

Bakloli Ke Chapters

Chapter – 1
Planning

Ek suhani shaam aur hum 5 dosto ke hath mae jaam. Hum log abhi nae - nae jawaan hue they aur humne nai – nai daru peeni shuru kari thi ki daru peete peete hum logo ka plan bana goa jane ka. Daru ke saroor mae sab goa ki baat karne lage, sab vahi bakloli pel rahe they jo unhone sirf dusro ke muh se suni thi. Mai bhi baki sabki baatien sunke goa ke khyalo mae kho gaya aur itna kho gaya ki rat ko sapne mae bhi mai goa ke beech par baith kar beer pee raha tha. Subha uth kar maine sab dosto ko phone kia aur sham ko momos wali aunty par milne ke liye bulaya.Hum sab dost sham ko momos wali aunty par ikhatta hue aur fir humari chalu hui goa ki bakloli.

Ab goa jana tha to ghar walo ko bhi manana tha, hum sab vaha se gae humare ek baklol dost '*Rahul'* ke ghar uske papa se bat karne. Rahul ke papa sofe par baith kar TV dekh rahe they aur TV mae aa rahi thi movie "Marte Dum Tak" Raaj kumar ji ki. Us scene mae Raaj kumar ji aur Shakti kapoor ji baat kar rahe they, jaise hi maine kaha "uncle hum goa jane ka plan kar rahe hai rahul ko bhi sath le jaye" uske papa ne meri taraf dekha aur TV mae raaj kumar ji ka dialogue aaya "le jane ki bat to bhool jao agar tumne usse kahi galti se dekh bhi liya to hum tumhe aisi maut marenge ki tumhari aane wali naslo ki neend bhi us khauf se udd jaegi". Uske papa ne meri taraf dekhte hue bola ki ye sun liya ya repeat karu. Hum sabki fati aur mai utha uncle ke pair chuye aur jaane laga ki humara ek dost abhishek, uncle ke pair chute hue bola uncle chappal bahut badiya hai apki, mai man hi man mae soch raha tha ki is baklol ko makkhan lagane ke liye kuch aur topic nahi mila jo uncle ke chappal ki tareef kar raha hai, itne mae uncle bole "beta woodland ki hai heavy bhi bahut hai". Ye sunte hi hum uske ghar se mayoos hoke nikle. Hum logo ko humare sapne choor-choor hote dikh rahe they to humne socha ek try aur karte hai, hum apne dusre dost abhishek ke ghar gaye.

Abhishek ke papa door ki baatien present mae soch lete hai. Ek bar abhishek ne kaha ki papa mobile dilwado camera wala aur touch screen wala, to uske papa ne jawaab diya ki na mere paas 1 lakh rupee hai aur naahi mai apni naak katwa sakta hu mohalle mae. To ye sunke abhishek bola apne papa ko ki mujhe to sirf 15000 rs wala chahie aur usse apki naak ka kya matlab hai, to uske papa bole "tujhe mai mobile dilwadu, fir tu uspe facebook par account banake ladki pataega, fir usko date par le jane ke lie ghar mae zidd karega ki bike chahiye leke do, fir tu ladki ko ghumaega kharcha karega aur mohalle wale dekh kar bolenge ki vo dekho kukreja ji ka launda matar gashti kar raha hai ladki ko bike par bitha ke to naam to mera hi kharab hoga na". Ab ye to tha uske papa ka nature, hum fir bhi risk leke abhishek ke papa se milne chale gaye unke ghar. Uske papa badiya mood mae they, peg laga rahe they aur sath mae gaana sun rahe they "Meri jaanu muskurade", hum bhi uncle ke sath baith kar hasi mazak kar rahe they aur moka dekhte hi humne bol diya uncle ko ki hum log goa jane ka plan bana rahe hai abhishek ko bhi le jaye. Ye sunte hi uske papa future mae chale gaye aur fir present mae aake bole "beta ye sirf abhi 18 yrs ka hai, is umar mae isko massage karwane le ja rahe ho, iska naam kharab ho jaega khandan mae, humare khandan mae aj tak koi massage karwane nahi gaya porn city". Pehle to hum bhi 10 minute tak sochte rahe ki uncle bol kya gaye aur fir humne socha goa mae bhi massage wala scene hota hai kya. Humne uncle ko bola ki thoda khul kar samjhao kuch samajh nahi aaya hume to uncle bole "Aaj tum isse goa leke ja rahe ho, chalo achi bat hai magar agli bar tum bologe ki bangkok jana hai itna hi kharcha aata hai fir ye zidd karega jane ki. Ab vaha ek daat wala hathi ya buddh dharam ka mandir to dekhne jaoge nahi, massage hi karwake aaoge to iska naam kharab ho jaega khandan mae". Ye sunte hi hum sabki zor se hasi chooti aur hum bina hasi control kare bahar nikal aae. Ab hum sab apne apne ghar chale gaye.

Agle din sham ko hum log fir se momos wali aunty par ikhatta hue aur maine apne dosto ko bola ki is bar plan mae thoda change karenge. Maine apne dosto ko bola ki tum mere ghar aana aur mere ghar walo ko bolna " uncle hum sab dost goa ja rahe hai satyam aur shivam ko bhi le jaye kyuki humare ghar wale kehe rahe hai shivam jaega to thik rahega sabme bada bhi hai sambhal lega sabko". Sab baat samjhake apne dosto ko mai aur satyam ghar aagaye. Mai aur satyam papa ke sath baith kar TV dekh rahe they aur plan ke mutabit humare dost ghar aagaye. Ghar aake mere dosto ne mere papa ko bola "uncle hum log goa ja rahe hai aap satyam aur shivam ko bhi bhej do, humare ghar wale bhi bol rahe hai ki shivam jaega to sabko sambhal lega" itne mae mai bol pada ki bhai mereko yaha bahut kaam hota hai mai nahi ja paunga tum log satyam ko le jao aur mai koi babysitter thodi na hu jo bacho ko sambhal lunga. Hum log khoob bakloli kar rahe they aapas mae itne mae ghar wale bole ki agar tumhare sab dost ghumne ja rahe hai to tum bhi chale jao. Ye sunte hi humare dil mae baji ghanti aur kaano mae samundar ki lehre sunai dene lagi. Hum logo ne uthai gaadi aur gedi marne nikal gaye. Ab humara aage ka plan bana ki 2 din bad mere ghar mae mummy ki kitty party hai aur vaha aaegi Veena aunty jo pure mohalle ki baatien idhar se udhar karti hai. Humne plan banaya ki uss aunty ko sirf hint dena hai ki hum log goa ja rahe hai baki dosto ki mummy tak bat apne aap pahuch jaegi.

Ab aaya din kitty party ka aur hum bhagwan se dua kar rahe they ki teer seedha nishane par lag jaye nahi to ye teer wapis hume hi lena padega agar ghar walo ko pata chal gaya ki humne unse jhoot bola ki dosto ke gharwale maan gaye hai.

Mai mummy ke sath tyari karwa raha tha ki itne mae kitty wali auntiya aane lagi, mai jake apne room mae chala gaya, thodi der bad mummy ne mujhe bulaya ki tambola ke number nikal kar sabko tambola khilade. Bus isi mauke ki talash thi mujhe, mai fata fat se utha aur auntiyo ko tambola khilane laga. Game khatam hone ke bad Rekha aunty boli "beta tu to bahut achi tarah se khilata hai tambola next month mere ghar kitty hai vaha bhi aake khiladio" maine bus mauka dekhte hi chauka maar diya aur bola "ki aunty mai to next month goa ja raha hu fir kabhi khilwa dunga". Ye sunte hi sabhi auntiya mummy ko bol padi ki wah behenji bacche goa ja rahe hai aur apne bataya tak nahi hume. Ab ye sunte hi meri mummy ko bada proud feel hua aur itrate hue boli "behenji hum bade chill log hai aur open minded bhi, bacho ko rok tok nahi karte, ek hi to zindagi hai bacho ki ghumna firna chahiye". Bus mummy ke ye bolte hi mujhe andar se feel hua ki mummy ne humara kaam kar diya.

Veena aunty ke ghar se nikalte hi maine rahul ko phone kiya aur bola ki apni mummy ko pados wali aunty ke sath ghar ke bahar khada karde baat karne ke liye veena aunty nikal chuki hai.

Humara teer bilkul sahi nishane par lag chuka tha, veena aunty apne ghar jane se pehle rahul ke ghar ke sath wali aunty se milne chali gai. Vaha rahul ki mummy aur unki padosan pehle se hi baat kar rahi thi, veena aunty jake unse baat karne lagi aur baaton baaton mae bol padi "Shivam ki mummy to bahut itra rahi thi aj kitty mae ki bache goa ja rahe hai, hum rok tok ni krte, hum bahut open minded hai" aur sath mae boli "hum to jaise apne bacho ko jail mae band karke rakhte hai, mera koi beta hota to mai bhi usko goa bhej deti aur fir dikhati itrana kya hota hai". Bus ye sunke rahul ki mummy ghar mae gayi rahul ko bulake bola ki tune satyam shivam ke sath jana tha na goa ja chala ja papa ko mai sambhal lungi. Mera dost bhagte bhagte mere ghar aagaya hume ye bat batane ke liye. Fir hum sab dost ikhatta hue momos wali aunty par itne mae humare ek dost Ashish ka bhi phone aagaya ki veena aunty ne kamal kar diya mere ghar walo ne bhi hann kardi. Ye bat sunke rahul bola ki mann kar raha hai aunty ki pappi lelu fir satyam bola rehene de uncle bura man jaenge, abbishek ne to hadd hi kardi rahul ki taraf dekh kar bola "sab chodo aunty ki beti bura maan jayegi" kyuki rahul aur uss aunty ki beti ka affair chal raha tha aur kuch din pehle hi breakup hua tha. Ye sab baatien sunke hum zor zor se hasne lage.

Hum 4 dosto ka to ho gaya tha goa ka pakka, rehe gaya ab abbishek, usko mumbai jana tha kisi kam se, to usne ghar mae jugaad lagaya aur bola ki mumbai se goa pass hi hai mai kaam khatam karke goa chala jaunga aur wapis dosto ke sath aajaunga, to uske ghar wale bhi maan gaye. Issi khushi mae hum logo ne nikali bottle aur kia *"GOA IS ON"*.

Daaru peete peete hum logo ne banaya ek whatsapp group #goa is on. Hum pata nahi kyu goa ke naam par roz meeting karne lage joki aaj tak samajh nahi aaya hume ki hum kyu karte they. Us raat hum sabko bahut badiya neend aai aur sabke sapne mae goa hi aaya. Koi sapne mae samundar mae naha raha hai, koi samundar ke pas dil bana raha hai mitti mae, to koi water sports kar raha hai.

Chapter - 2
Execution

Isse pehle ki humare ghar walo ka mood change ho jaye humne travel agent ko phone milaya aur usse flight ka pata kia. Rs 3200 ki flight ki ticket thi single side ki per person aur vo 2:30 hrs mae goa pahucha deti thi. Fir humne pata kiya Rajdhani train ka, rajdhani train ki ticket rs 3500 ki thi jo 25 hrs mae pahuchati thi. Uske bad humne lagai calculation ki agar hum log train se jate hai to 1 din faltu milega peene ka aur wapis aate hue bhi

1 din faltu milega peene ka. Humara decide hua ki hum log train se jaenge. Humne train ki ticket book karwai, fir humne hotel dekha online ki badiya swimming pool kisme hai aur beach ke pas konsa hai. Humne thodi der mae sab book kar liya Hotel, train, watersports.

Sab bahut exited they goa ke liye, humne shopping karni shuru kari. Ek din abhishek ne group mae kuch photos bheji funky shorts ki aur beach clothes ki aur bola goa mae aise kapde pehenkar ghumte hai. Fir sham ko hum logo ki meeting hui aur abhishek ne kaha ki maine pata kiya hai ki aise kapde sarojini nagar market mae milte hai. Hum logo ne decide kia ki kal sarojini nagar market jake shorts aur kapde leke aaenge, sab dost beach par yahi pehen ke ghumenge aur goa mae aag laga denge.

Hum sab agle din sarojini nagar market ke liye nikle, vaha pahuch kar pehle to car parking dhundne mae ek ghanta lag gaya hum logo ko. Jaise taise humne car parking mae lagai aur hum market ki taraf bade, hum market ki main entrance par khade they pehle to humne market ki taraf dekha fir humne abhishek ki taraf dekha jisne sarojini ka idea diya tha aur hum sabke dil se ek sath aawaz aai "abbe isme ghusenge kaise". Vaha aisa lag raha tha ki puri delhi ki ladkiya ek sath ek hi jagah par ikhatti hui hai aaj. Jaise taise hum market ke andar ghuse, kafi shops par ghume magar hume kuch samajh nahi aaya. Akhir mae ek dukan par humko kuch shorts samajh aae, baki kuch samajh nahi aaya to hum market ke dhakke kha kar wapis car mae aagaye. Ab hum market se nikal kar car mae baithey aur abhishek ko sir par ek ek thappad mara aur uske ghr walo ko itna yaad kiya ki uski mummy ka phone aa gaya aur uski mummy boli "beta jaldi se ghar aaja tere papa ko baithey baithey hichkiya shuru ho gai aur jeebh bhi kat gai khoon nahi ruk raha". Hum log 40 km gae they kapde lene aur leke sirf 10 kachey jaise shorts aae hai, kisi ki shorts par dil bana hua tha, kisi per batman to kisi par superman. Rahul ne to hadd hi kardi thi 2 shorts liye ek par aage bana hua tha Saap aur sath mae likha tha "wild snake" aur peeche 2 battak bani hui thi aur likha tha "Butt-Tak". Dusri shorts par aage bana hua tha alladin ka chirag aur sath mae likha tha "Keep Rubbing" aur pichli side par alladin ka Jin bana hua tha. Alag hi level ki exitment thi usko.

Uske bad hum gae new delhi railway station, vaha humne liya platform ticket sirf ye check karne ke liye ki bag ki checking to nahi hoti agar hum bahar se andar jaye kyuki humare ek dost ne hume dara diya tha ki tum daru kaise leke jaoge station par to checking hoti hai. Hum pahuchey station ke gate par aur humare saare armano par pani fir gaya tha vaha lagi hui bag scanning ki machine dekh kar. Hum sab ek dum mayoos hoke station ke andar ghuse, fir hum uss platform par gaye jaha se train jani thi humari. Vaha jake hum baithey bench par aur aati jaati traino ko dekhne lage. Kuch der vaha baith kar humne notice kiya ki local train se jo bhi aa raha hai aur vaha se dusri train le rahe hai uski koi checking nahi ho rahi. Fir humare deemag mae ek idea aaya ki hum faridabad se local train mae aaenge new delhi tak aur fir yaha se goa ki train mae baith jaenge. Hum vaha se haste hue muskurate hue local train ko umeed ki ek kiran ki tarah dekhte huye *goa is on* karke aagaye wapis faridabad. Hum seedha faridabad railway station gaye, pehle to humne dekha station ke bahar daru ka theka aur usse pucha ki subha kitne baje kholte ho, fir hum gaye station ke andar ki koi bag scanning ki machine to nahi hai, vaha entry par kuch bhi nahi tha ye dekh kar humare dil mae khushi ki lehar daud padi. Fir humne train ka schedule check kiya ki 8:20 ki train hai vo 9 baje new delhi pahucha degi, vaha se 10:50 ki train hai goa ki. Uske bad hum log khushi khushi station se nikle aur apne apne ghar chale gaye. Agle din subha Abhishek ne jana tha mumbai to humse milke vo nikal gaya aur bola mera intezar karna goa mae station par milunga tum logo ko. 4 din bad humne bhi goa jana tha, goa ki exitment mae din nikalne mushkil ho gaye they humare. Goa jane se ek sham pehle papa ne kuch aisa kaha ki humari kahani mae twist aagaya. Papa ne kaha mai tum logo ko new delhi station tak chod aaunga, mujhe laga jhatka kyuki humara plan to kuch aur hi tha. Papa ki ye bat sunke mere dil ke itne tukde ho gaye jitne girlfriend se breakup ke bad bhi nahi hue they. Ab maine chalaya deemag apna aur bola papa ko, ki papa hum hai 4 ladke, 4 humare bag aur khane ka saman ka bhi ek bag aur bhi saman jaise joote wagarah uska alag bag, itna kuch nhi aa paega car mae, hum subha auto karke station tak jaenge vaha se local train se new delhi tak jaenge. Papa nahi maane, akhir mae humara decide hua ki vo hum logo ko faridabad station tak chodke aaenge. Ab sham ko vahi meeting point par hum ek urgent meeting ke liye mile fir vaha se railway station par gaye aur humne dhundna shuru kia chart mae ki 8:20 se pehle konsi train aati hai new delhi ki. 7:10 ki local train dikhi hume ek chart mae. Ab hum dosto ne ek aur plan banaya ki ghar walo ko bolenge ki kahi late na ho jaye hum 7:10 wali train se jaenge delhi.

Ab aaya din goa jane ka, hum khushi ke maare subha 5 baje uth gae aur ek dusre ko bhi jaga diya. Sab log 6 baje tak ready ho gaye jane ke liye, goa jane ki exitment humare chehro par dikh rahi thi. Maine aur satyam ne ek rat pehle hi ek bag nikal liya tha jisme daru leke jani thi, ab papa ke aage khali bag kaise leke jate to humne usme ek jodi chappal aur ek jodi joote daal diye. Papa ne sabko pick kiya unke ghar se aur fir hum logo ko station chorne aagaye. Papa ne car lagai parking mae aur chaldiye humare sath station ke andar tak. Mai aur mere dost ek dusre ki taraf dekhne lage aur man hi man mae bat kar rahe they ki bhai ye to plan mae nahi tha. Hum pahuchey ticket counter par, humne 4 ticket li new delhi ki aur platform ki taraf badne lage ki ek announcement hui *"kripya dhyan dijiye Mathura se aane wali nai dilli ko jane wali EMU sankhya_________ apne nirdharit samaye se 20 minute ki deri se chal rahi hai, apko hui asuvidha ke liye khed hai"*. Ye sunte hi man mae khyal aaya ki bhagwan kahi na kahi zaroor hai, aur mai papa ko bol pada "aap ghar chale jao yaha thand mae kaha rukoge train vaise bhi late hi hai abhi to". Papa ne hum sabko bye bola aur car parking ki taraf chalne lage, hum sabki nazre papa ki taraf hi thi, jaise hi papa parking se bahar nikle satyam ne bag mae se joote aur chappal nikale bag meri taraf faika , mai aur ashish bhag kar samne daru ke theke ki taraf daud kar gaye. Vaha se humne ek bottle vodka ki li aur ek bottle whiskey ki leli, fata fat humne bottle ka dhakkan kholke seal todi uski taki koi ye na kahe ki smuggling kar raha hai sharab ki aur humne bag mae dono bottle dali aur station ke andar aagaye wapis. Fir hum EMU se new delhi pahuchey vaha wait kiya aur 10:30 baje humari train platform par lag gai.

Chapter - 3
Train To Goa

Hum logo ki train platform par lagi, humne chart mae apna name dekha **"goa is on"** karke train mae chadd gaye. Apni seat ke neeche humne apna saman set kiya, ashish disposable glass , namkeen aur soda leke aaya tha uske bag se nikal kar humne daru wale bag mae sab saman daala, sara saman seat ke neeche rakh diya aur daru wala bag sabse upar ki seat par rakha. Compartment mae 6 seats hoti hai usme se upar ki charo humari thi aur neeche ki do seat ek couple ki thi. Hum log saman rakh kar compartment ke service boy ko dhundne nikle, vo banda gate ke samne apni seat khol kar saman set kar raha tha, humne jake usse bat karni chalu kari uska name pucha to usne bataya ki uska name *vinod* hai. Baaton baaton mae humne usko 200 rs diye aur bola ki sewa badiya kario jate hue khush karke jayenge tereko. Itne mae train chalne lagi hum log apni seat par aake baith gaye. Humne samne baithey couple se bat karni chalu kari aur unse pucha aap bhi goa ja rahe hai, vo bole hann humara ghar hai goa mae , yaha hum delhi police mae job karte hai chuttiyo mae ghar ja rahe hai. Ye sunke hume laga jhatka, hum logo ke chehre se sari raunak hi udd gai aur hum sab entry gate ki taraf chale gaye. Vaha jake ab hum ye soch rahe they ki yar ye to gadbad ho gai samne police wala baitha hai vo bhi apni biwi ke sath ab kaise piyenge daru. Itne mae vinod aaya usne gate ke pas apni seat kholi aur baith gaya aur hume bola "sahab ji aajao aap bhi aake baith jao". Humare deemag mae idea aaya ki yaha baith kar piyenge. Humne vaha 2 team banai, ek team mae mai aur ashish dusri team mae rahul aur satyam. Humne ek code word rakha *"like karoge"* , ye code word isi lie tha ki jab bhi peene ka man kare to hum yahi bolke samne wale ko ishara karenge aur team wise uth kar 1 peg lagake wapis aajaenge fir dusri team jaegi. Ye sab decide karke hum aagaye wapis apni seat par. Kuch der humne ludo kheli, time pass kiya fir thodi der baad lunch aagaya. Vinod sabko lunch deke gaya aur hume nahi dekar gaya. Maine usko awaaz maari aur bola ki bhai hume dekar nahi gaya tu lunch, kya sewa karega tu humari. To vo dheere se bola ki sahab ji thoda sa ruko abhi apke liye 1st class ka khana leke aaunga, bus itna bata do ki veg khaoge ya non veg.

Hum they 3rd Ac mae vaha khane mae tha aloo matar bahut hi ajeeb dikhne wale aur gobi ki sabzi. Thodi der bad vinod humare liye lunch leke aaya, lunch kholte hi muh mae pani aagaya humare. Lunch mae tha chicken curry, egg bhurji, parathey, salad, achar, gulab jamun aur end mae ice-cream. Ab humme khana khake socha thoda aaram kar lete hai, jaise hi upar wala bag jisme daru ki bottle thi usko hataya to humne dekha bag mae se daru nikal rahi thi, humne bag uthaya aur bhaage train ke gate ki taraf, whiskey ki bottle mae se thodi si nikal rahi thi. Ab humne socha yaha aahi gaye hai to ek-ek laga lete hai. Humne vahi vinod ki seat par baith kar peg banane chalu kiye itne mae vinod bhi aagaya aur bola sir ji police wale ya TT sahab aajaenge to apko dikkat hogi yaha mat pio. Fir humne usko bhi ek peg pila diya. hum log bottle wala bag vahi uski seat par chod kar apni seat par wapis aake baith gaye. Hum logo ne ye decide kia ki 2 bande jaenge jab bhi to washroom mae khade hoke peelenge. Thodi der bad mai aur ashish gaye gate ke pas, peg banaya aur jaldi se washroom mae ghus gaye. Jaise hi humne apna peg khatam kiya aur washroom se bahar nikle to bahar ek ladki khadi thi. Pehle mai nikla fir ashish nikla, hum dono ko ek sath bahar nikalte dekh pehle to vo hairan hui aur fir haste haste washroom mae ghus gai. Ashish bola yar aise to kam nahi chalega, aur fir hum aake apni seat par baith gaye. Dheere - dheere humara *like karoge* chalta raha. 3-4 round ho gaye hum logo ke, ab samne police wale bhaiya ki wife uth kar washroom gai to humne unko akela dekh kar pooch liya ki bhaiya aap peg lagate ho, vo bola hann but abhi wife sath hai to nahi lagaunga, tum uth uth kar bahar mat jao abhi rat hone wali hai upar baith kar aaram se laga lena bina shor machaye. Ye sunte hi hum log bahut khush huye aur uss police wale ko gale se laga liya. Vo police wala bola mai bhi goa se hi hu I know tum pehli bar goa ja rahe ho to enjoy karo magar bina kisi ko pareshan kare. Thodi der baad dinner aaya sabke liye. Humne vinod ko bola ki humare liye sirf chicken leke aaio drink ke sath khaenge hum. Dinner krke sab sone ki tyari mae they, humne train mae beech wali seat kholke rakh di kyuki neeche ki dono seat police wale bhaiya aur unki wife ki thi aur unko rest karna tha. Hum charo upar wali seat par jake baith gaye, 2 log ek taraf aur 2 ek taraf. Humne chaddar ko kholke apne pairo ke upar bicha li aur usko as a table bana lia namkeen rakhne ke liye. Humne vodka ki bottle nikali aur vodka ke shots banaye, ek ke bad ek shots lagate gaye aur puri vodka khatam kardi. Thodi der bad humne whiskey ki bottle nikali aur peeni shuru kari chicken ke sath.

Din bhar ki thakan ke baad aur daru peene ke baad hum log thak chuke they aur ek ek karke sone lage. Abhi mai soya hi tha ki lagbhag 15-20 minute bad hi vinod mere pas aaya aur usne mujhe utha diya aur bola ki sir jaldi aao. Maine kaha kya hua bhai, sone de mujhe. Vo fir bola sir jaldi aao bhaiya bahar khade hai. Maine ek ankh kholke pehle samne dekha ashish so raha tha upar dekha satyam bhi so raha tha fir apni side upar dekha to seat khali thi aur rahul gayab tha. Mai utha aur sabko utha diya maine ki chalo rahul gate ke pas khada hai. Hum vinod ke sath gate ki taraf gaye to rahul sheeshey mae dekh kar apne aap se hi bakloli kar raha tha. Rahul sheeshey mae khud ko dekh kar galiya de raha tha aur bol raha tha "tu uss ladki ke pyar mae kyu pada, vo ladki tujhe deserve nahi karti", hum log bhi pata nahi kyu vaha khade hoke usko dekhne lage, uski baatien sunne mae maza bahut aaraha tha. Humko sirf aaj tak lagta tha ki vo next level baklol hai magar us din hume yakin ho gaya tha ki vo hai. Aur to aur vo khud maan raha tha sheeshey mae dekh kar ki mai fuddu hu jo pyar mae pada. Thodi der ye scene humne dekha fir maine aawaz mari rahul ko ki tu yaha kya kar raha hai, usne humari taraf dekha aur dekhte hi vinod ko galiya dene laga. Rahul vinod ko aisi aisi galiya de raha tha ki ek bar to hum bhi soch mae pad gaye ki aisa bhi kuch hota hai. Pehle to ye scene dekh kar hum sabki hassi chooti fir badi mushkil se hassi rok kar humne rahul se pucha ki bhai tu yaha kyu khada hai. Vo bola to kuch nahi bus vinod ko galiya deta raha. Maine vinod se pucha ki bhai tu hi bata de ye tereko gaaliya kyu de raha hai, to vinod bola "sahab mereko kya pata mai to so raha tha, sahab aae aur mujhe utha kar bole *salute maar*." Maine pucha sahab se ki kya ho gaya to vo galiya dene lage aur bole salute maar. Ye sunte hi hum zor zor se hasne lage fir humne rahul ko samjhaya, vinod se thode salam thukwaye fir jake vo humare sath andar aaya, usko humne seat par lita diya. Thodi der bad usko sulane ke bad hum bhi so gae. Subha jab chai aai to hum log uthey, vo bichara vinod itna dar gaya tha ki jab chai leke aaya to aate hi salam krne laga hum sabko. Rahul bola ki ye hum sabko salam kyu kar raha hai to humne rahul ko raat ka sara scene bataya aur hum sab hasne lage. Humari train ab goa pahuchne wali thi to humne saman nikala aur gate ke pas lejake rakh diya, vinod ko bulaya aur usko inaam diya aur akhri bar salam krwaye usse. Hum train se madgao station par utre, vaha humara dost abhishek intezar kar raha tha pehle se hi. Jaise hi hum train se utre abhishek door se bhagta hua aaya aur hum sabko gale se lagake bola welcome to goa. Hum logo ke bharat milap ke baad hum logo ne station ke bahar se taxi kari hotel ke liye.

Chapter - 4
Waxing

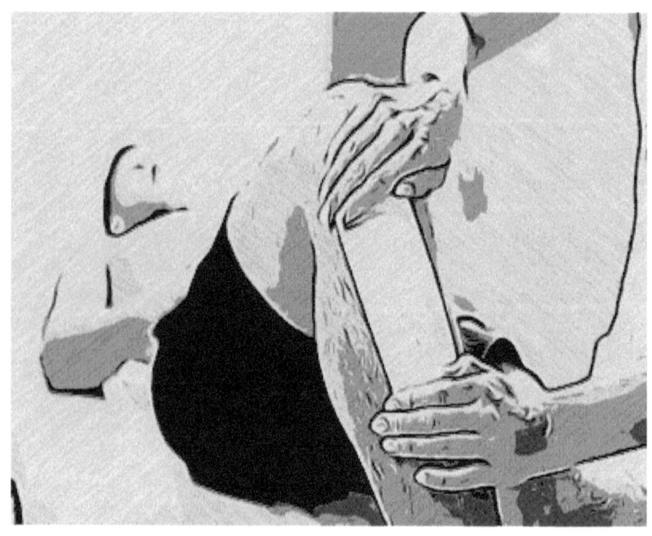

Hum log pahuchey station se candolim beach par aur check in ke liye reception par jane lage ki humne dekha ki reception par bahut khoobsurat receptionist khadi thi, vo itni sundar thi ki usko dekh kar banda propose karne se pehle hi khud ko reject karde ki nhi humse na ho paega. Usse dekhte hi hum logo mae behes ho gai ki check in ke liye kon jaega. Abhi hum log behes kar hi rahe they ki itne mae ek couple aaya check out ke lie aur vo log aapas mae bhayankar english mae baat karne lage, aisa lag raha tha ki hum goa mae nahi london mae khade ho. Hum logo ka tha english mae hath tight, aur samne chal rahe scene ko dekh kar hum logo mae jo keeda jaaga tha check in krwane ka vo baith chuka tha. Hum sab log aapas mae ek dusre ko dekhne lage aur ankho hi ankho mae ishare karne lage "tu ja – tu ja" aur samne wala isharo mae jawab bhi de raha hai "mai nahi ja raha tu hi ja". Itne mae hotel ki lobby mae sirf hum 5 ladke aur vo receptionist hi rehe gai aur vo pyar se boli "How can i help you sir". Uski awaaz itni meethi thi jaise chaasni mae dooba hua gulab jamun, maine badi mushkil se himmat jutai aur tooti footi english mae bola "we want to check in". Usne kaha "please come forward sir". Ye sunke mai peechey muda to sab 2 kadam peechey ho gaye they aur mai apni jahah khade khade un sabse aage ho gaya tha, any how maine sabke ID cards ikhatte kare aur check in kia hotel mae. Hum log room mae aake aaram karne lage itne mae rahul bola waxing cream le aate hai shorts pehenke ghumenge to pairo ke baal hata lete hai. Hum sab ladko ke pairo par bahut zyada baal they to humko idea acha laga. Rahul abhi naya naya hairstylist ka course kar raha tha to maine usse pucha ki bhai dard to nahi hoga na to vo bola normal waxing mae pain hota hai waxing cream se to makkhan ki tarah baal nikal jate hai pata bhi nahi chalega dard to door ki baat hai. Maine satyam aur rahul ko paise deke bheja ki jake le aao aur kuch halka fulka khane ka bhi le aana. Vo log thodi der bad hath mae 10 beer ki bottle, snacks aur waxing strips ka pouch le aaye. Maine bola bhai pyaas lagi thi pani bola tha tum beer utha laye to satyam bola pani ki bottle Rs 50 ki thi aur beer ki Rs 40 ki to hum beer hi le aaye aur vaise bhi goa mae paani peene thodi na aae hai. Ye sunte hi hum sab hasne lage aur goa is on krke bottle kholi beer ki aur peeni shuru kari. Peete peete humne waxing strip ka packet khola usme se lambi lambi strips nikli maine usko dekh kar rahul se pucha tu to bol raha tha cream hoti hai to vo bola ki hai na bhai strip ke peeche ki panni hata ke dekh lagi hui hai ispe cream. Humne kabhi waxing karwai nahi aur na hi kabhi hote hue dekhi thi, usne strip ke peeche se panni hata kar satyam ke pair par laga di aur bola ki abhi ye thodi der mae sukh kar apne aap hatne lagegi. 15 min bad hum logo ki beer khatam hui to satyam bola ki ye utar kyu nahi rahi strip. Hume laga ki cream ki tarah utar jaegi vo magar vo itni pakki chipak gayi thi jaise fevicol ka jod ho. Abhishek ne beer peete peete packet utha kar pada aur bola "ispe likha hai *peel – apply -pull*, arrey ye to tera bhai bade pyar se nikal dega". Abhishek ne satyam ko bed par litaya aur uski strip zor se kheech di. Jaise hi strip kheechi satyam itni zor se chillaya aisa laga bhukamp aagaya ho, sath wale room se bhi log bahar aagaye dekhne ke liye ki kya ho gaya. Satyam bed se utha uski aankhey ek dum laal, kamre ki chatt ko dekhte hue hath jodne laga to maine pucha ki ye kya kar raha hai to vo bola **Yumraj** ke darshan ho gaye they unko hath jod kar pranam kar raha hu. Vo dubara baitha bed par ek dum gum sum hoke aur apne pair ko dekhne laga, uske pair par ek smooth skin ka patch ban gaya tha aur baki jagah baal hi baal. Satyam ne rahul ko zor se ek lat maari ki ye kya karwadiya tune fir usne beer kholi ek jhatke mae pee gaya aur bola ki beer utarne se pehle dono taange saaf kardo. Ashish ne uska hath pakda rahul ne dusra hath aur maine dono taange pakdi uski, abhishek ne strips nikali sari aur ek ke bad ek strips lagata gaya aur kheechta gaya. Pure hotel mae satyam ki cheekho se bahut bhayanak mohol ho gaya tha magar hum logo ko maza bahut aaraha tha iski waxing karne mae. Abhi waxing khatam hi hone wali thi ki humare kamre ka phone bajne laga, humne phone na uthake satyam ki waxing par ki dhyan lagaye rakha. Vo zor zor se chila raha tha aisa lagra tha kisi mujrim ko burf ki silli par lita kar maar rahe ho jaisa police wale movie mae karte hai. Thodi der baad manager humare room ke bahar aaya aur bell bajane laga, humne room nahi khola satyam ki waxing bus khatam hi hone wali thi, toh manager room kholke andar aagaya. Humare aas paas ke room wale bhi ikhatta ho gaye they hum logo ko dekhne ke liye ki kya chal raha hai inke room mae, ek ne to hadd hi kardi peechey se aawaz aai koi murder ho gaya kya. Manager jaise hi room mae aaya usne dekha bhayanak scene ki ek ladke ke hath mae waxing strips aur har strip dher saare baalo se bhari hui, fir usne dekha hum sabki taango par aur bola ki ye sirf ek ke hi hai. Manager ye khauf naak scene dekh kar bola sir please apse request hai ye waxing mat kijiye sare guest dare huye hai apki awazo se ki hotel mae kya ho gaya, itna bolke manager wapis chala gaya. Hum log room lock karke wapis aake baith gaye aur hum logo ne decide kia ki waxing ki jagah trimming machine se baal hata lenge. Abhishek aur rahul hotel ke bahar se jake trimmer lekar aaye aur hum logo ne ek ek karke saare baal hata liye taango se. Pura washroom baalo se bhar gaya, humne housekeeping mae phone kia ki room cleaning ke liye banda bhejo. Thodi der baad ek ladka aaya room clean karne ke liye, jaise hi vo washroom mae ghusa andar jate hi wapis bahar aagaya aur bola sir ye baal faikne hai ya pack krke dedu 5-6 wig to ban hi jayegi iski. Thodi der baad hum hath pair dhoke fresh huye aur room se bahar dekha to swimming pool mae foreigners swimming kar rahe hai. Humne bhi fata fat swimming costume pehna aur pool mae kood gaye. Tashan tashan mae humne pool ke pas bane bar se beer mangwa li aur pool ke andar hi beer peene lage. Abbi hum swimming kar hi rahe they ki ek uncle lagbhag 65 – 66 years ke swimming pool mae aae ek ladki ko leke jiski age lagbhag 24 – 25 hogi. Vo dono pool mae utre aur ball ke sath khelne lage, hume laga dada apni poti ke sath khel raha hai magar humara ye bhram thodi der baad door hua jab us uncle ne us ladki ko kamar se pakda aur sabke samne kiss kardiya. Hum sab dekh kar hairan rehe gaye aur uncle ki taraf apne chehre par mix emotion leke dekhne lage. Uncle bhi humari taraf dekhne lage aur muskurate hue ankh maar kar bole :

"Pool bhi hai, fool bhi hai
Aur sath hai mere dil ki raani bhi
Baal mere safed ho gaye to kya
Hai mujhme abhi jawaani bhi"

Aur bolte hi hasne lage. Thodi der swimming karke sab apne apne rooms mae chale gaye, hum bhi thodi der bad room mae aagaye ready hone. Hum log ab beach par jaane ke liye ready ho gaye they, hum jaise hi apne room se nikle vo uncle bhi room se nikle bahar us ladki ke sath ghumne jaane ke liye, uncle ne us ladki ki kamar par hath rakha hua tha aur dono haste haste humare aage se nikle, nikalte nikalte un uncle ne hume ankh maari aur bole :

"Sheher mae apne
Bhudape ki chai pee raha hu
Isi lie goa aake
Udhar ki jawaani jee raha hu"

Samajh mae hume kuch nahi aaya magar ye uncle bada cool sa laga. Hum bhi hotel se bahar nikle aur samne hi beach tha. Samundar ki aawaz jab humare kaano mae gai, aur vo meethi meethi hawaye hume chune lagi to maano hume aisa laga hum log jannat mae aa gaye. Thodi der hum log beach par baithey rahe, ghumte rahe, fir thodi si drinks li halka fulka snacks liya aur wapis resort mae aa gaye. Dinner karne ke liye hum resort ke restaurant mae gae, thodi der bad sath wale table par wahi uncle aake baith gaye aur humko dekh kar muskurane lage. Hum bhi unko dekh kr smile karne lage itne mae uncle ne hum logo se pucha ki tum log delhi se ho. Humne kaha hann aur uncle ke sath jake baith gaye aur baatien karne lage ki itne mae abhishek ne uncle se pucha ki uncle vo apki kon thi. Ye sunte hi hume laga ki vo ab gaaliya khaega uncle se magar uski is baat par uncle ne usse haste hue bola ki vo meri girl friend hai. Humne kaha is umar mae bhi uncle girl friend kaise to uncle bole *"sher bhudha ho jaye magar shikar karna nahi chodta".* Fir humara hasi mazak chalta raha uncle ke sath mazak mazak mae ashish ne uncle se punjabi mae puch lia "uncle tussi odde naal ki kitta" uncle bhi mood mae they muskuraye aur ankh mar kar bole "puttar mai kuch ni kitta jo kitta uss kitta" ye sunte hi hum sab hasne lage. Thodi der baad hum log dinner karke apne apne room chale gaye sone ke liye.

Chapter - 5
Beer, Pool Aur Car Ki Drift

Hum log subha uthey, mai satyam ke room mae gaya to vaha abhishek aur rahul beer se kulla kar rahe they, maine unse pucha ki ye kya kar rahe ho to abhishek bola mera bachpan ka sapna tha ki goa jake beer se kulla karna hai, usse dekh kar hum sab bhi beer se kulla karne lage. Beer se kulla karne ke bad hum sab breakfast ke liye gaye aur uske baad pool mae kood gaye. Hum log pool mae masti kar hi rahe they ki samne uncle ke room se vo ladki bahar aai aur hume boli please meri help kardo. Hum bhi ghabra gaye ki ye help kyu maang rahi hai kahi uncle ko to kuch nahi ho gaya, hum sab fata fat pool se nikle aur uncle ke room mae chale gaye. Hum logo ne dekha ki uncle bed ke ek kone mae towel lapet kar khade hai aur hum logo ko aate hue dekh kar Rs 10000 nikal kar dene lage us ladki ko. Jaise hi uncle ne apna hath badaya paise dene ke liye to maine uncle ka hath pakad lia ki pata to chale baat kya hai aur kiss cheez ke paise. Maine us ladki se pucha ki kiss cheez ke paise to vo boli "ye buddha mujhe delhi mae ghumata firata tha is bar goa le aaya, pehle to maine mana kia ki mai nahi aaungi to bola ki 4 din ki baat hai sara kharcha mera aur tereko shopping bhi karwaunga. 3 dino se kuch nhi dilwaya isne maine isse shopping ke lie paise mange to bola ki abhi deta hu thodi der mae magar 2 ghante ho gaye na bahar jane de raha hai na paise de raha hai shopping ke". Ye sab baatien sunke Ashish uncle ko bol pada "kya bat hai uncle itna stamina is umar mae bhi, kya khate ho" to vo ladki boli "tum log galat samajh rahe ho is bunty ki ghanti ka fuse udda hua hai, isi lie subha se mereko rok kar rakha hai. Kal sham se sirf tumhare aage cool ban raha tha, magar ye vo taar hai jisme current nahi hai sirf kapde sukhte hai". Ye sunke hum zor zor se hasne lage aur room se nikal kar wapis pool mae kood gaye. Thodi der bad hum room mae gaye, ready hoke hotel se bahar nikle aur car rent par li ghumne ke liye. Hume hotel ke manager ne kaha ki sir aaj goa carnival hai aap mapusa jao apko acha lagega dekh kar. Hum log nikle mapuse ke liye, humne thodi aage jake ek bande se rasta pucha, vo bola mai bhi vahi ja raha hu mere peechey peechey aajao. Hum uske peechey peechey chalte gaye ki achanak se Abhishek ko pata nahi kya hua, usko bhoot nazar aaya, koi chudail nazar aai ya uski ex nazar aai ki usne seedhi road par chalte chalte drift maar di aur humari car khet mae utar gai. Hum log fata fat se gaadi se uttre, pehle to humne feni ki bottle faiki gadi se nikal kar jo abhi humne raste se hi li thi ki room par jake piyenge. Fir abhishek ko bahut sunaya ki teri hawabazi yaha bhi khatam nahi ho rahi fir car ko dhakka lagane lage ki koi aajaye usse pehle gaadi bahar nikal lete hai. Humne khoob zor lagaya magar peechey ke 2 tyre mitti mae fas chuke they to gaadi aage nahi ja rahi thi. Dekhte hi dekhte vaha bahut se log ikhatte ho gaye, agar 5-6 log mil kar dhakka lagwa dete to car bahar aajati. Magar nahi, unhone seedha car ke owner ko phone milaya aur jaldi aane ko kaha. Car ka owner aaya aur apne sath 8 – 10 bande bhi le aaya, aate hi humko ghurne laga aur humari fatni chalu hui. Humari fatt kar kai tukde ho chuke thi, fir jaise taise humne sare tukde sambhal kar himmat karke bola ki koi ni bhaiya apke chote bhai jaise hi hai hum, gaadi bahar nikal kar dekh lete hai koi dikkat hogi to hum thik karwa denge. Usne crane mangwai, humse crane wale ko Rs 2500 dilwaye aur gaadi bahar nikalwai. Usne car dekhi aur vo bola ki car leke mere peechey peechey aajao. Hum car mae baithey aur uske peechey peechey chalne lage, car ek dum badiya chal rahi thi jaise pehle thi. Vo le gaya hume maruti ke service centre mae, pehle to usne car wash karwai aur fir dekha ki koi dikkat to nahi aai. Bahar aake bola ki tumne meri car kharab kardi paisa lagega thik karwane mae. Humne bhi soch liya tha ki isse behes nahi karenge nahi to maar bahut padegi, humne rahul ko andar bheja ki tu dekh kar aa kya - kya dikkat aai hai, usko humne isi lie bheja tha ki vo shakal se gareeb aur south indian movie mae jo villan ke peechey chamche khade hote hai uski tarah lagta tha, vo aur gadi ka owner bhai jaise lag rahe they. Bus rahul patla sukha tha aur vo kisi club ke bouncer ki tarah. Rahul thodi der bad bahar aaya aur aake bola ki bhai peechey ki body fasi thi gaadi ki khet mae ye to samne ka kaam karwana chahta hai ki ye tumne kharab kiya hai thik karwao. Fir car ka owner bahar aaya usne humse Rs 25,000 maange ki meri car mae itna kharcha aaega thik karwane mae. Fir mai aur rahul usko side leke gaye akele mae aur usko bola bhaiya hum to gareeb pariwar se hai, maine rahul ki taraf ishara krte hue bola ki ye to naya - naya naai ki dukan par logo ke baal katna shuru kia hai isne, ashish ki taraf ishara kia ki ye to driver hai aur iske papa mechanic hai aur mai to jo ghar bante hai usme tarai karta hu paani ki aur supervisor hu, hum pehli baar goa aae hai aaj hi wapis jana pad jayega itne paise bhi nahi leke aaye. Humne duniya jahaan ki bakloli pel di uske aage, akhri mae vo Rs 7500 mae maan gaya. Humne usko paise diye aur vo bola koi ni car tum chala lo jab tak yaha ho mai baad mae thik karwalunga. Fir hum mayoos hoke wapis hotel aagaye aur aake room mae laet gaye apne apne, subha se sham ho chuki thi pura din waste ho gaya tha humara. Mai aur ashish ek room mae ruke they, satyam abhishek aur rahul dusre room mae. Thodi der baad mai aur ashish bahar nikle sabke liye beer kharidi aur un logo ke room mae chale gaye. Sabka mood thik kia ki koi nahi ho jata hai kai baar chill karo aur enjoy karo trip kharab mat karo. Hum sabne beer pee aur maine sabko bola ki ready ho jao titos club chalte hai baga beach par. Hum sab ready hoke baga beach area par aagaye, car parking mae lagai aur titos lane mae chalne lage. Vaha ka nazara aisa tha maano swarg mae chal rahe ho aur dono taraf apsarae hi apsarae thi. Hum thoda paidal chalke titos club ke bahar pahuchey to vaha bouncer khade they. Hum gate par pahuchey to vo bole stag entry free nahi hai, table book karwana padega tum 5 logo ko, humne bhi attitude dikhate hue bol diya "no worry bro we will book a table for 5". Fir usne humse Rs 25000 maange , hum logo ne man mae socha ki RS 25000 ki figure humare liye banai gai hai kya subha vo gaadi wala mang raha tha aur ab ye bouncer. Humne usse pucha ki Rs 25000 mae kya kya milega to vo bola ek bottle scotch ki 2 veg snacks aur 2 non veg snacks. Ye sunke hum wapis titos lane mae aagaye aur vaha 5 ladkio ka group dhundne lage ki unke sath entry sasti padegi. Thodi der vaha wait karke hum log wapis jaane lage ki itne mae ek ladka scooty par aaya aur humare paas aake ruk gaya aur bola ki sir night club jaoge, yaha to bahut mehenga hai titos mai apko mast club mae leke chalta hu dil khush ho jaega apka. Aap pehle andar hoke aana uske baad paise dena aur na maza aae to wapis chale jana. Vo ladka humare peechey hi padd gaya, humne bhi socha chalo dekh aate hai dekhne ke konsa paise lag rahe hai. Mai aur Ashish us ladke ke sath baith kar jane ko ready ho gaye, humne apna mobile, wallet satyam ko dediya ki kahi ye ladka hume loot na le aage jaake. Vo ladka hume 2 gali aage le gaya, pehle to hume dar lagne laga fir vaha line se bahut se club dekh kar dil mae dhak - dhak hone lagi, hum log kabhi life mae club nahi gaye they. Hum dono us ladke ke sath club ke andar gaye to dekha club mae left side mae DJ console hai right mae bar aur beech mae ladke ladkia dance kar rahe hai aur samne ek stage bana hua hai uspe pole laga hua tha. Jaisa filmo mae dekha tha humne vaisa hi scene chal raha tha club mae. Vo ladka 5 min bad hume club ke bahar le aaya, hum uske sath wapis apne dosto ke paas aagaye. Usne humse Rs 1000 per person maange jisme 10 coupons de raha tha vo drinks ke ki jo bhi house brand hogi ek coupon pr ek drink ya 2 coupon par ek beer mil jaegi. Hum log they delhi wale to humne usse discount maang liya. Humari settlement hui usse Rs 500 per person mae jisme 7 coupons mile per person. Humne paise diye hath par stamp lagwai aur club ke andar chale gaye. Jaise hi hum andar ja rahe they 5-6 ladko ka ek group club se bahar nikal raha tha usne hume apne 25-30 coupons dediye aur chale gaye. Ab humare pas 35 coupons to humare they aur unke bhi mil gaye. Hum seedha bar counter par gaye 5 coupons diye aur 5 peg banwaye , sare coupons mere hath mae they hum logo ne 2 – 2 peg lagaye aur dance karne lage. Mai bar counter par baitha tha aur facebook par check in dalne ke liye phone nikala. Jaise hi maine facebook open kara meri ex ne apni profile picture change kari hui thi upar upar wahi aagai aur humara abhi 15 din pehle hi breakup hua tha. Uski photo dekh kar mujhe club mae har ladki mae vahi nazar aane lagi aur mai ek ke bad ek peg lagane laga. Thodi der bad mai bar counter se utha sab dhundla dhundla nazar aane laga aur mai ek ladki ke pas jake khada ho gaya aur usko hug krke bola ki "koi nahi baby jo hua sab chodo pehle ki tarah life start karte hai" aur usko bar bar hug karne laga. Itne mae uska boy friend aaya aur mujhe usse door karne laga fir mere dost aaye aur mujhe wapis bar counter par bitha diya un logo ne. Uske baad mujhe kuch dhyan nahi ki us rat kya hua, jab agle din mai subha utha to maine dosto se pucha ki kya hua tha bhai rat ko mai hotel kaise aaya, to vo log bole ki "tune kisi ki girl friend ko apni samajh kar gale se laga liya tha fir tujhe badi mushkil se bar counter par bithaya aur tu peeta raha hum naachte rahe. Uske baad hum der rat club se bahar nikle aur nikalte hi samne ice cream ki redi khadi thi to hum logo ka ice cream khane ka man hua magar ice cream wala nazar nahi aaraha tha. Tune peene ke baad ice cream ki redi utha li aur chalane laga aur vo ice cream wala bhi bhaagte bhaagte aaya aur humare peechey - peechey bhagne laga. Fir hum sabne us ice cream wale se maze liye aur uske sath baith kar ice cream khai aur wapis room par aagaye.

Chapter – 6

Water Sports Aur Casino

Hum log subha uthey to mera sir ghoom raha tha, Ashish aur rahul beer se kulla kar rahe they to rahul bola le peele hangover utar jaega. Mai bola hangover nimbu pani se utarta hai to vo bola nahi daru pee rat wali utar jayegi zeher ko zeher hi khatam karta hai, mujhe uski baat mae logic laga to maine beer peeni chalu kari aur thodi der mae mera hangover utar gaya. Fir in logo ne kal rat ki kahani batai aur hum zor zor se hasne lage. Thodi der bad hum log breakfast ke liye aaye aur breakfast leke pool side table par jake baith gaye. Abhi hum breakfast kar hi rahe they ki itne mae kuch foreigner ladkia swimming pool mae aai aur ball ke sath khelne lagi. Aisa lag raha tha maano jalpariya khel rahi ho aapas mae, unhe dekh kar hum bhi nahi ruke maine abhishek aur rahul ko ishara kia aur hum teeno pani mae kood gaye aur unke sath ball se khelne lage. Hume khelta dekh satyam bhi paani mae kood gaya aur khelne laga. Ashish abhi bhi breakfast hi kar raha tha, jab usne dekha ki hum sab log pool mae maze se khel rahe hai to usne apne kapde utaare aur paani mae koodne laga. Humne usko mana kia ki abhi mat aa magar vo maana nahi aur zor se paani mae chalang laga di usne. Uske chalang lagane se vo ek ladki ke upar jake gira aur paani uchal kar baki ki ladkio par aagaya aur uske shareer par itne baal they ki paani mae baal alag tairne lage, ye sab dekh kar vo ladkia pool se bahar nikal aai aur chair par baith kar dhoop sekhne lagi. Hum charo dosto ne ashish ko pool mae gher liya aur ball se marne lage usko pool mae hi. Thodi der masti karne ke baad hum log pool se nikal kar apne room mae gaye ready hone ke liye aur jaldi se ready hoke calangute beach par gaye water sports ke liye. Humne beach par jake parasailing ki tickets book karwai, parasailing walo ne humse ek form sign karwaya ki agar koi ghatna ho jati hai to hum zimedar khud honge, ye sab padte hi ashish darne laga aur bola ki agar upar se neeche gire to doob jayenge, fir usko humne bahut samjhaya ki tu chal to sahi maza aaega. Water sports wala hume ek choti boat se samundar ke kaafi andar le gaya, vaha se ek dusri boat par hum logo ko shift kar diya. Ashish bola ki pehle tum log karo mai akhri mae jaunga, sabse pehle abhishek gaya. Abhishek ko safety jacket pehenai aur uske upar ek belt lagadi, us belt mae ek hook laga diya jo rassi se lipta hua tha. Aisa lag raha tha ki patang ke kanne baand rahe ho aur itne mae abhishek kuch bolta ek charkhi jaisi machine se door nikalni chalu hui aur abhishek hawa mae udd gaya. Abhishek ko 100 ft ucha le gaya paraceiling wala aur 5 min bad wapis le aaya usko. Humne kaha bhaiya ye to bahut jaldi le aae tum isko neechey to vo boat wala bola Rs 300 aur do 5 ki jagah 15 minute ki ride karwaunga aut 100 ft ki jagah 200 ft upar leke jaunga. Agla number mera tha maine usko Rs 300 diye aur safty jacket pehenke uddne laga hawa mae. Pehle to mujhe bahut dar lagne laga magar jaise hi mai hawa mae upar jaata gaya vaise vaise maza aata gaya. Vo bando jo machine operate kar raha tha usne ek dum se parachute ko neeche ki taraf kia aur meri dono tange pani ke andar chali gai samundar mae aur vo boat ko aur speed se bhagane laga. Aisa lagne laga mai samundar mae bhaag raha hu. 15 minute baad vo mereko neeche leke aaya. Ek ek karke sab dost jaate gaye aur wapis aate gaye, ab akhri mae ashish ka number aaya aur jaise taise usne jaane ka man banaya aur maine boat wale ko pehle Rs 300 diye aur usko upar le jana shuru kia usne. Vo abhi thoda sa upar gaya hi tha maine boat wale ko Rs 200 aur diye ki isko aur ooncha le jao iske maze lene hai. Vo usko 250 ft se bhi upar le gaya, aasmaan mae sirf cheekne chillane ki aawaze aa rahi thi, us boat wale ne aur tez speed kardi aur jaise hi usko neeche pani mae daala to usko gale tak pura pani mae daal diya usne. Vo ladka jo machine operate kar raha tha vo bhi mood mae tha aj maze lene ke. Ashish ko halka sa pani ke upar leke jata fir wapis paani ke andar daal deta fir upar leke jata fir paani ke andar daal deta hum logo ko bhi bahut maza aa raha tha uski cheekhey sunne mae. Jaise hi vo boat par wapis aaya to hum sabko ghurne laga, aur bola ki fata fat chalo mujhe kapde change karne hai. Hum sab bhi geele ho chuke they to wapis hotel aake humne kapde change kare aur beer peete peete fort aguada ghumne ke liye nikal gaye.

Hum fort aguada ke lie ja rahe they to raste mae humne dekha ek board par likha tha "dolphin trip goa", humne car park kari side mae aur ticket leke boat par chale gaye dolphin dekhne. Abhi hum thoda aage gaye hi they ki achanak se boat wala ladka bola ki vo dekho dolphin, hum sabne ek dum se vaha dekha aur bole ki kaha hai to vo bola wapis andar chali gai dhyan se dekhte raho dubara bahar aaegi. Hum thodi der vaha dekhte rahe paani mae to vo dusri taraf dekh kar bola ki vo dekho dolphin, hum fir se achanak se peeche mude aur pucha kaha hai to vo bola wapis chali gai. Ye bakloli usne humare sath 6 – 7 baar kari, hum samajh gaye they ki humara kat chuka hai aur hum aaram se baith gaye, chips khaye aur boat ki ride leke wapis aagaye. Vaha se hum fort aguada gaye aur dhoop itni tez thi ki hum 3 – 4 photos click karwake wapis aagaye. Satyam aur rahul ka gala band ho gaya tha thandi beer pee pee kar, satyam ke gale se to sirf hawa hi nikal rahi thi awaz nahi. To hum wapis hotel ki taraf aate hue ek chemist shop par ruke aur usko bataya ki aise hum logo ka gala kharab ho gaya hai koi medicine dedo to usne medicine to nahi di magar ye bataya ki sath mae wine shop hai vaha se honey bee brandy lelo, hotel jake garam pani mae daal kar garare karna aur fir peejana garam pani mae hi gala khul jaega. Humne wine shop se brandy li aur hotel jake electric cattle mae sabke liye paani garam kiya aur garare karna chalu huye hum log. Garare karne ke baad hum sab garam pani mae hi brandy peene lage, Sabke gale ki kharash door hone lagi. Uske baad hum log fir se pool mae chale gaye aur masti karne lage. Jaise hi andhera hone laga hum log apne apne room mae gaye aur ready hoke casino ke lie nikal gaye hotel se. Hum sab bahut exited they casino ke liye, humne kabhi life mae aj tak casino nahi dekha tha. Hum log panjim pahuchey, vaha market mae car parking mae lagai, vaha hume 2 aadmi mile aur bole ki casino ja rahe ho humne kaha hann to vo bole casino ki entry Rs 1500 ki hai mai tumhari Rs 750 mae karwadunga. Hum logo ne aapas mae salah kari ki chalo thik hai magar paise andar jake denge tumhe, vo bola thik hai mere sath aao. Hum log ticket counter par pahuchey, vaha hum logo ka ID card check kiya aur hum sab logo ko band pehena diya. Mujhey aur ashish ko green band pehenaya aur baki teeno ko yellow. Hum log ek choti boat mae baithey aur casino ship ki taraf jaane lage. Jaise hi hum badi ship mae enter karne lage, satyam ki entry casino floor par ho gai, rahul ki ho gai magar abhishek ko rok liya aur uska band check kia to bacho wala band pehena rakha tha usko, usko side wale gate se jane ko kaha ki yaha sirf 21yrs ya usse upar ki age wale hi ja sakte hai. Ye sunte hi abhishek ne satyam aur rahul ki taraf ishara kiya ki vo bhi chote hai unko bhi bula lo bahar to casino staff ne un dono ko bhi entry gate par rok liya aur abhishek ke sath side wale gate se seedha third floor par bhej diya. Mai aur ashish entry gate se gaming area mae gaye aur andar ghuste hi humari aankhey khuli ki khuli rehe gai. Jaisa humne TV mae dekha tha casino real life mae usse bhi kai zyada aalishan tha andar se. Humne pehle thodi der andar jake dekha ki kon kon si games hai, hume kuch samajh nahi aaya. Ghumte firte hum ek table par ja pahuchey, us game ka name tha *"casino war"*. Us game mae table ke ek side dealor tha casino ki taraf se aur samne 6 players baithey they. One to one game chal rahi thi dealor aur player ke beech, jiska patta bada vo jeet jata tha. Hume game samajh aai aur humne bhi nikale 1000 rs khelne ke liye. Minimum bet Rs 200 ki thi, hum khelte rahe ek game jeet jate to ek game haar jate. Jab tak table par khel rahe they to drinks bhi free mil rahi thi. Hum dono 15-20 minute mae 1000-1000 Rs haar gaye aur table se uth gaye. Baki ke teeno third floor par baithey they aur hume phone kar rahey they ki upar aajao aur unse baat krte krte hum gate ki taraf jane lage to humne dekha casino ke andar bhi ek lift lagi hui thi, jo gaming area se third floor par ja rahi thi. Hum uss lift se third floor par chale gaye aur vaha jake humne samne chaat counter dekha aur gol gappe khane lage. Fir hum sabne vaha dinner kiya. Casino mae bahut hi lavish dinner chal raha tha, hum bhi dinner karne lage aur sath sath dance show dekhne lage. Fir hum sweets leke first table par jake baith gaye aur belly dance dekhne lage, fir russian dancers aai unka show dekha, thodi der bad magic show hua. Hum log 12 bajne ka intezar kar rahe they kyuki 12 baje rahul ka birthday shuru hona tha to humne socha yahi uska cake cut karwake chalenge. Jaise hi 12 baje humne ek plate mae 4 pastry lagai aur cut karwane ke liye chale gaye. DJ wale ko humne bol diya ki humare friend ka birthday hai to usne birthday wala song play kar diya. Fir hum logo ne thoda dance kiya aur itne mae rahul bola ki bhai mera man bhi hai neechey jane ka, kuch jugaad laga aur neeche leke chal gaming area mae ye mere aj tak ke birthday ka best gift hoga agar tu mujhe casino table par le gaya to. Hum logo ne full sleves ki shirt pehen rakhi thi kohni tak fold karke. Maine unhe bola ki apni shirt ki sleeves neeche tak khol lo puri aur button lagalo taki tumhara band na dikhey aur mai un sabko centre wali lift se neechey le aaya. Ashish bola ki agar pakde gaye to kya hoga to mai bola zyada se zyada bahar nikal denge casino se to hume konsa rukna hai ab yaha. Hum sab himmat karke ground floor par aagaye gaming area mae, rahul ko maine bataya ki ye game khel sabse aasan hai. Hum sab us table par baith gaye aur khelne lage. Jaise hi hum logo ne chips liye khelne ke liye to drinks bhi aani shuru ho gai. Humare group mae Rahul aur Abhishek khel rahe they aur hum teeno unke sath enjoy kar rahe they. Abhishek shakal se bacha lagta tha magar vo aise khelne laga jaise jua uske khoon mae ho. Vo khelne laga aur jeetne laga. Rahul bhi rs 1000 haar kar table par baitha raha magar khelna band kar diya. Ab sirf abhishek khel raha tha aur hum chaaro usko dekh rahe they. Rat ke lagbhag 3 baj chuke they Abhishek Rs 15000 jeet kar utha table se to maine kaha ki bhai ab paise cash karwa aur chal wapis hotel bahut rat ho gai hai to vo bola bus thodi der aur aur vo jake Mini Flush ki table par baith gaya. Us table par 3 patti wali game chal rahi thi. Hum abhishek ke peechey khade ho gaye aur usko khelta huye dekh kar motivate karne lage. Vo jaise hi harne lagta ek drink mangwaleta, vo harta raha ek game aur dusri game jeet jata. Vo fir On the Rocks drink mangwale laga, uski aur waiter ki itni badiya tunning ho gai ki jaise hi vo hath khada karta waiter samajh jata ki isko drink chahiye aur vo waiter aawaz mardeta vahi se ki abbi lekar aaya sir. Khelte khelte subha ke 5 baj gaye aur vo harna chalu ho chuka tha, ek ke bad ek drink peene laga vo, humne usse kaha ki bhai abbi bhi Rs 8000 pade hai cash karwale magar vo nhi utha table se. Abhishek Rs 15000 jeet chuka tha uske bad Mini flush mae jeete huye sare paise har gaya aur uske pas Rs 5000 they vo bhi haar gaya aur hum logo se paise mangne laga to hum logo ne usko mana kardiya aur isko table se utha kar bahar jane lage hum log. Hum log casino se bahar nikle aur jaise hi choti boat par ghusne lage to thandi thandi hawa chalne lagi subha subha 6 baje. Abhishek ne casino mae 28 – 30 drinks pee rakhi thi usko chakkar aane lage. Vo choti boat mae ghuste hi seat par laet gaya, badi mushkil se humne usko uthaya aur bahar car tak lekar aaye. Hum abhi thodi aage tak aae hi they ki vo bola car roko ulti aa rahi hai. Humne gaadi side mae lagai aur vo ulti karne laga. Vo bahar khade hoke rone laga ki mujhey kuch ho raha hai kya karu mai, to rahul bola ki jaha tune Vomit kari hai uske ulte fere lene lag ja thik ho jaega sab. Abhishek itna set tha ki vo rahul ki baat sunkar apni Vomit ke fere lene lag gaya. Abhishek ne 7 chakkar lagaye aur seedha gaadi mae aake so gaya. Hum log hotel pahuchey, badi mushkil se usko room tak leke gaye, usko sulaya aur hum bhi jake so gaye.

Chapter - 7

Morjim Beach Aur Night Club

Puri raat casino mae nikalne ke baad hum log subja 12 baje uthey so kar, sab ko abhi thakan ho rahi thi koi bhi bed se uth kar razi nahi ho raha tha to maine aur Ashish ne sabko zabardasti uthaya aur pool ke paas le jake chor diya. Thodi der swimming karke hum logo ki thakan utri aur kuch fresh feel karne lage. Abhishek abhi bhi room mae hi so raha tha, hum logo ne subha se kuch khaya nahi tha to pool ke pas hi khane ka order kar diya. Thodi der bad rahul aur satyam abhishek ko utha kar laye aur seedha pool mae faik diya usko. Goa mae humara akhri din tha aj to hum log pool ke maze le rahe they. Thodi der bad hum log ready hoke gaye morjim beach par. Hum logo ko humare ek dost ne kaha tha goa aane se pehle ki morjim beach zarur jana vaha sabhi foreigner tourist dhoop sekhne aate hai aur indian koi nazar nahi aaega. Humne bhi gaadi uthai aur chale gaye morjim beach ki taraf. Candolim se morjim pahuchney mae hum logo ko lagbhag 1 ghanta laga. Humne apni car park kari aur beach ki taraf jane lage. Humne dekha vaha crowd bahut kam tha aur jo bhi tha naya naya couple tha. Hum log February mae goa gaye they to jin logo ki shadi January ya February mae hui thi vo log honeymoon manane goa aae hue they morjim beach par. Vaha *papa ki pariya* hath mae chooda pehne huye, badan par sitaro ki jagah bikini pehen kar uske upar chunni jaisa swim cover pehenke *mummy ke magarmacho* ke sath selfie le rahi thi aur vaha aae sabhi *husband's* ko unki unki biwia world ke best husband hone ka certificate de rahi thi facebook par photo ke sath description mae likh kar *"world's best hubby"*. Hum bhi un logo ko dekhte huye aage badte chale gaye, thodi aage jake humne dekha 3 foreigner ladkia ek dusre ko cream laga rahi thi body par aur fir unme se 2 ne jake samne mitti par chadar bichai aur ulti laet gai aur ek ladki vahi shack par chatri ke neechey baithi rahi. Hum log bhi unke sath wale shacks par jake laet gaye itne mae waiter aaya aur bola ek shack ka Rs 50 rent lagega aur sath mae order bhi karna hoga khane peene ka. Abhishek bola film badiya chalri hai Rs 100 bolta to vo bhi dedete aur hum sab hasne lage.

Humne uss waiter se pucha ki vo ladkia kya pee rahi hai to vo bola red wine, humne kaha humare liye bhi red wine le kar aa aur sath mae kuch snacks bhi mangwa liye humne. Side mae baithi ladki apni body par lotion lagane lagi aur dekhte hi dekhte vo bhi un dono ke pas jake laet gai, vo teeno dhoop saik rahi thi aur hum paacho aankhey. Thodi der baad waiter aaya 5 thande glass leke aur usne glass mae red wine dali aur hume serve kardi, humne usse pucha ki ye kya kar rahi hai teeno to vo bola ki ye sun bath le rahi hai russia mae thand bahut hoti hai to ye log har 6 mahino bad yaha aajate hai. Hum logo ne wine peeni shuru kari aur jaise hi ek sip liya wine ka vo itni kadvi lagi hum sabko ki hum sab ek dusre ki taraf dekhne lage. Hum logo ne jaise taise wine khatam kari aur beer mangwali. Ashish ne apna phone cafe ke speaker se connect kiya aur gaane chalane laga ek ke bad ek. Vo teeno ladkiya thodi der baad uth kar samundar mae nahane chali gai aur ashish ne ek gaana chalaya *'ae jaan - e - chaman tera gora badan'* hum sab log gaana sunne lage, us gaane mae ek line aai aur ashish utha aur un teeno ladkio ki taraf ishara karke gaane laga

"Mal mal ke jism itna bhi
Paani mae mat naha
Mal mal ke jism itna bhi
Paani mae mat naha
Dar hai ki ye paani bhi
Ban na jaye sharab.
Aae jaan – e – chaman
Tera gora badan
Jaise khilta hua gulab"

Rahul ka janamdin tha to humne beer mangwai aur hawa mae uchalne lage, fir ek dusre ko beer se neheladiya. Fir hum bhi thodi der baad samundar mae chale gaye nahane, morjim beach kafi saaf beach tha aur log bhi kafi kam they vaha to hum aaram se naha paye vaha. Hum log samundar mae nahane ke baad seedha hotel gaye, humare kapdo mae se beer ki smell aane lagi to humne balti mae paani bhar kar kapde usme daal diye taki beer ki smell kal tak kapdo se nikal jaye kyuki kal humne wapis ghar ke liye nikalna tha. Hum log kafi thak chuke they to thodi der so gaye room mae. Sham ko hum log uthey, kapde pehan kar ready ho gaye club jane ke liye. Hum baga area mae gae vaha kafi sare night clubs dekhey humne. Hum ek club mae gaye vaha hume deal achi mil gai, Rs 1000 mae entry usme 4 beer aur buffet dinner bhi. Hum log club ke andar gaye to mix crowd tha club mae, aisa lag raha tha India ke kone kone se log aae huye hai club mae. Hum bar counter par gaye ek - ek beer li sabne aur DJ ki taraf dekhne lage to kuch ladke ladkia dance kar rahe hai aur unke beech 4 sardar uncle alag hi masti mae they apni. Hum bhi beer peete - peete dance karne chale gaye. Dance krte - krte beer ka saroor utra to aur beer leli humne. Fir thodi der baad vodka ke shots banwaye humne aur ek ke baad ek 3 shots pee gaye aur wapis dance karne chale gaye. Hum dance kar hi rahe they ki achanak se ek south indian ladke ne DJ wale ko Rs 100 deke south ka koi song chalwaya aur vo sare ladke dance karne lage. Jaise hum punjabio mae Nagin dance hota hai vo log usi pattern mae machli dance kar rahe they aur vo maan rahe they ki vo machli hai aur paani mae tair rahe hai. Ab hum log bhi delhi se they to unki hawabazi dekh kar chup kaise baith jate, hum logo ne bhi DJ wale ko Rs 100 diye aur gaana chalwaya *"Dilli se hai BC"*. Is gaane par aadhey se zyada club dance karne laga, rahul ki capacity 2 peg ki hai uske bad vo rahul nahi **Maharaja** ban jata hai. Rahul set ho chuka tha aur un south indian ladko ko dekh kar ishare kar kar ke dance kar raha tha is gaane par. Fir un logo ne ek gaana chalwaya aur dance karne lage hum logo ko ishara kar kar ke, fir humare andar ki aag bhi jal uthi humne bhi Honey Singh aur Badsha ke gaane chalwane shuru kiye. Dekhte hi dekhte mahol garam ho gaya club ka aur south songs v/s punjabi songs ho gaya club mae. Dekhte hi dekhte jitne bhi south indian ladke ladkia they club mae vo ek taraf ho gaye aur hum punjabi ladke ek taraf. Unme se ek couple to aisa tha ladki itni gori aur uska boyfriend utna hi opposite, aur us ladke ne ladki ki kamar par hath rakha hua tha, aisa lag raha tha jaise **Batasha (patasha)** mae keeda chal raha ho. Dhere dhere club ka mahol aur bhi garam ho gaya aur sare bouncers DJ console ke sath aake khade ho gaye. Dhere dhere jitne bhi north india se aae hue they log humare sath aake khade ho gaye aur dance karne lage. Samne wale Rs 100 deke ek song chalwate to hum Rs 200 deke 2 songs chalwate. Dekhte hi dekhte club north indian v/s south indians ho gaya. Jo ladka DJ play kar raha tha vo Gujrati tha, hume us din pata laga ki log aapas mae kitna bhi bhide gujratio ko ghanta farq nahi padta vo bus maze lete hai dur se. Humare sath ek haryana ka group aaya hua tha vo bhi judd gaya usne club mae gaane chalwaye Sapna chaudhary ke aur raju punjabi ke. Fir south ka gaana chala. Ab itne mae vo sardar uncle dinner karke hum logo ke paas aaye aur unhone hume Rs 1000 ke 2 note diye aur bole "20 gaane chalwao line se inandi bhendi". Rahul ke hath mae uncle ne note diye aur vo itna set ho chuka tha ki pehle to vo gaya samne khadi ladki ke paas , uske sir ke upar se note 3 baar waare aur DJ wale ko bola humare gaane nahi rukne chahiye. Un uncle ne gaana bajwaya sabse pehle daler mehndi ka, fir bajwaya Amar singh chamkila ka "Ki ho gaya ve jatta ki ho gaya" aur hadd to tab ho gai jab beech mae ek gaana chala bheege hont tere aur vo uncle stage par chad gaye aur pole ko pakad kar dance kar rahe they bheege hont tere par. Club ka manager bhi hum logo ko dekh kar enjoy kar raha tha but jab usne dekha ki mahol ab zyada hi garam ho gaya hai to usne sab band karwadiya. Uncle ko stage se neechey utara aur belly dance ki live performance start karwadi. Hum log bhi drinks lene bar ki taraf chale gaye, jitni pee thi dance karte karte sab utar gayi thi. Thodi der bad humne dhyan diya ki rahul nazar nahi aaraha kahi bahut der se. Mujhe laga washroom gaya hoga, vaha dekha to nahi tha, maine usko phone karne ke liye apna mobile nikala to usme 16 miss calls aai hui thi uski dance karte huye pata nahi laga hum logo ko. Andar bahut shor aaraha tha to mai usko call karne ke liye bahar nikla to meri nazar samne padi gate ki taraf ki usko bouncer ne murga banaya hua tha entry gate par. Mai gaya rahul ke pas aur bouncer ko bola ki kya ho gaya bhai aise kyu bitha rakha hai isko yaha, itne mae rahul mujhe dekhte hi khada ho gaya aur gusse mae bola ki inhone mujhe itni der se bitha rakha hai neechey yaha. Maine rahul se kaha bhai shant ho ja mai bat kar raha hu inse, mere dil mae chal raha tha ki ye tez bol raha hai hum dono ko maar padegi ye shant nahi hua to. Maine bouncer se pucha ki kya ho gaya bhaiya to bouncer bola ki ye ulti kar raha tha washroom mae humare ladke ne mana kia to usko gaali dene lag gaya. Ye sunte hi rahul bol pada ki Itni nakli daaru kyu pilate ho jo peete hi ulti aajaye, maine jaise taise rahul ko shant kiya aur bouncer se maafi maangi. Bouncer se baat karke pyar se baat sambhali aur bouncer ko Rs 500 diye aur rahul ka phone bouncer se leke rahul ko wapis diya. Mai rahul ko lekar club se neechey utar aaya aur usse pucha ki aur ulti aai hai to vo bola hann, vo side mae khade hoke ulti kar raha tha mai bhaag kar uske liye ek paani ki bottle le aaya. Maine satyam ko phone karke bat batai sab log neeche aagaye. Fir hum log samne wale restro bar mae chale gaye dinner karne ke liye. Club mae dance karte karte pata hi nahi chala kab 2 baj gaye aur dinner band ho chuka tha club mae. Rahul itna set tha ki jab hum samne wale restaurant mae gaye dinner ke liye to ghuste hi vo waiter ko bola aaj tip deke jaunga tereko jaate huye yad karwadio ki tip deni hai, Waiter khush iski baat sunke. Ye alag hi bakloli mae lag gaya fir waiter ke sath, waiter kashmiri tha to ye usko bola tu to nahi rakhta na apne sath AK 47 kahi mujhe goli marde, us bouncer ne to murga banaya tha mujhe kahi tu tandoori murga banade. Humne isko shant kiya, thodi der mae dinner aaya aur hum dinner kakre wapis nikalne lage. Hum jaise hi table se uthey to us waiter ne isko bola sir aap kuch bhool rahe hai, ye bola kya bhool raha hu mai to vo waiter bola sir apne kaha tha wapis jate hue yad dilwaio tip deni hai to ye baklol insaan usko bola :

"Aaj ki tip :

Darwaze mae ungali dedio

Magar kisi ladki ko dil mat diyo"

Waiter ne di isko man hi man mae gaaliya aur hum sab zor - zor se hasne lage aur usko tip deke wapis apne hotel aa gaye.

Chapter – 8
Goa Se Delhi Aur Police Checking

Hum log subha uthey aur uth kar garam pani mae brandy daal kar kulla karne lage. Hum sabne raat ko itna dance kiya ki subha body mae bahut pain ho raha tha, hum log hath muh dhoke breakfast ke liye aae aur breakfast karke vahi pool ke pas chairs par laet gaye. Thodi der bad mai aur ashish gaye car wapis karne aur usse bat kar aaye ki hum logo ko station tak bhi chod aana. Goa mae chand hi ghantey bachey they humare paas to hum log pool mae kood gaye aur beer mangwali humne pool mae hi. Hum abbi pool mae relax kar hi rahe they ki itne mae kuch ladkia aur ladke aaye aur pool ke side mae hookah laga kar baith gaye. Ek ladke ne apne dost ko gaali dekar bulaya to hum samajh gaye ki ye log bhi delhi se aae hai kyuki hum logo ke yaha gaali nhi hoti ye helping verb hota hai jo situation ke hisab se sentence mae apne aap lag jata hai. Humare sath swimming kar rahe ladke se humne pucha ki tum log delhi se ho to vo bola hann, fir humari dosti ho gai un logo se. Unhone bataya ki vo sab college students hai aur ghumne aaye hai sab friends. Hum log bhi unke sath hookah peene lage itne mae ek ladki boli *"bhai jaan aap log kab aae goa aur kaha kaha ghume"*.

Uski ye baat sunke maine pehle to usko ye kaha ki bhai bol le ya jaan magar mix mat karo aur hum sab hasne lage. Dusri ladki boli "bhaiya batao na aap kaha kaha ghume hum bhi vahi ghumne jayenge". Dusri wali ladki itni sundar thi ki uske muh se bhaiya sunke mera dil toot gaya. Mere dil ka dard sirf Jethalal samajh sakta hai agar usko Babita ji bhaiya bole to. Humne unhe bataya sab kuch humne jo 4 dino mae kiya aur kaha kaha gaye ghumne. Thodi der un logo ke sath masti karke hum log apne room mae aagaye aur packing karni chalu kari. Sab saman pack krne ke bad hum logo ne ek bottle brandy aur mangwai ki wapis train mae kaam aaegi. Hum log check out kar rahe they apna sara saman dekh rahe they to humne dekha table par paani ki bottle padi hai full bhari hui. Hum 5 ladko ne 5 din sirf beer hi pee pani nahi piya. Hum logo ne hotel check out kiya aur saman reception par rakh diya aur hotel ke andar hi kaju shop thi vaha se saman lene chale gaye. Hum logo ne vaha se kaju aur goa ki famous Rum chocolate li aur sara saman bag mae rakh diya. Hum logo ka ghar jane ka bilkul man nahi tha magar aur koi option nahi tha ghar to jani hi tha.

Hum log taxi se station ki taraf nikal pade, thodi der bad hum railway station par pahuchey. Humari train aane mae abhi thoda time tha to hum waiting area mae aagaye. Abhishek ke pas ticket nahi thi to humne uske liye general dabbe ki ticket li aur usko bola humare sath rahio TT se bat krlenge. Thodi der mae train aai aur hum log train mae chadd gaye, mai aur abhishek saman rakh kar seedha TT ko dhundne nikal pade. Hum log TT ke pas gaye aur unse request kari ki ye humara friend hai humare sath delhi ja raha hai iski ticket ka intezam kar do please. TT sir bahut badiya aadmi tha, usne humse Rs 1500 liye aur ek ticket banadi uski. Hum char logo ki seat alag dabbe mae thi aur Abhishek ko 2 dabbe aage seat mili to maine abhishek ko bola humare sath hi ruk ja adjust karlenge. Hum log wapis apni seat par aagaye, humne dekha ki samne ek ladka akela baitha hai, usse humne request kari ki bhai aap to akele ho iski seat par chale jao ye humare sath hai to vo ladka maan gaya aur alag dabbe mae chala gaya. Hum 5 ke alawa humare samne wali seat par aur koi nahi tha to humne parda laga diya taki privacy bani rahe humari. Hum sab aaram se laet gaye train mae aur gaane sunne lage, thodi der bad ek dusre ko photos transfer karne lage. Hum log bahut zyada bore ho gaye they, abhi train ko chale huye kuch hi ghante hue they aur aisa lag raha tha ki safar khatam hi hone ko nahi aaraha tha. Humne brandy ki bottle nikali, namkeen aur kaju nikale aur peene lag gaye. 2 – 2 peg peene ke bad to humara daru peene ka bhi man nahi kar raha tha. Jo ladka service dene aaya usko humne bottle dedi sari ki bhai tu peelio. Hum logo ne thodi der bad khana khaya aur sone lag gaye. Hum log aankhey band kar ke laite huye they aur goa ki saari yaadien deemag mae ghum rahi thi humare. Baatien karte - karte hum log so gaye. Subha hum log uthey to chai aa chuki thi, hum logo ne chai pee aur chai peeke gate ke pas jake khade ho gaye. Hum logo ko pata ni kya hua gate ke pas jake sad songs chalake sunne lage. Aate jaate log hum logo ko ghurne lage, ek ne to hadd hi kardi bola ki bhai kood to nhi jaoge na. Hum thodi der bad wapis apni seat par aagaye. Jaise hi train ne Palwal cross kia hum log apna saman lekar gate ke pas khade ho gaye ki kisi bhi station par agar train ruki to hum utar jayenge. Waqt guzarta gaya aur station nikalte gaye, thodi der bad train dheere hone lagi. Tughlakabad Station par achanak se train ruki, aage ka signal red tha to hum logo ne apna samaan faikna shuru kar diya platform par aur ek ek karke utarne lage. Jaise hi hum log utre train chalne lagi, aisa laga tha ki maano train sirf humare utarne ke liye ruki ho. Hum logo ne saman uthaya aur bench par rakh diya, mai tughlakabad se faridabad ki ticket lene ja hi raha tha ki itne mae humare platform par ek EMU aai faridabad jane wali. Hum log bhaag kar EMU mae chadd gaye bina ticket ke, humne socha aate huye bhi ticket check nhi hui thi to jaate hue konsa ho jayegi. Hun log bina dare EMU se faridabad pahuch gaye. Jaise hi hum station pahuchey to vaha platform par kuch police wale aur station ka staff ticket check kar rahe they. Train se utarte hi humare dil ki dhadkane badne lag gai, vo log sabki ticket check nahi kar rhe they kisi kisi ki kar rahe they. Maine in sabko bola ki chehre par halki muskaan lekar aage badte jao bina dare inko shaq mat hone dena. Sabse pehle satyam nikal gaya, fir mai nikal gaya, fir ashish nikal gaya, abhishek police wale ke aage se nikalte hue itna zyada muskuraya vo bhi police wale ko dekh kar ki police wale ne usko peeche se aawaz maari ki idhar aao. Hum log dhere - dhere chalte rahe, abhishek bhi police wale ki awaz ko ignore karke badta chala gaya ki aage station ke staff ne usko rok liya aur bola ki tujhe sunai nahi de raha vo tereko awaaz maar raha hai. Jaise hi abhishek ko unhone roka usne seedha mujhe aawaz maar di aur hum sabko rukna pad gaya. Abhishek bahut dara hua tha aur usko police wale ne aake pakad liya tha to hum sab wapis abhishek ke pas gaye aur unhe bola ki isko aise kyu pakad rakha hai koi chor thodi na hai ye. To police wala hum sabko side mae le gaya aur bola ki ticket dikhao. Maine bhi bag se ticket nikali aur dikha di ticket Goa Se Delhi Ki. Vo police wala bola ki ye to Goa se delhi ki hai to mai bola faridabad bhi to goa se delhi ke beech mae aata hai to hui na ticket valid. Hum logo ki bakloli chal rahi thi ki itne mae station ka koi bada officer aaya, usne humse pucha ki kaha se aa rahe ho, kya karte ho, ticket kyu nahi li, vo aise puch raha tha jaise hum bomb leke aae ho aur humare bag khol kar check karne lage. Abhishek aur rahul itna dar chuke they ki unke hath kaapne lage aur bag bhi nhi khul raha tha unse. To mai bola "Sir hum sab apke bachey jaise hi hai, hum sab goa se aa rahe hai, tughlakabad train ruki to hum log utar gaye nahi to new delhi tak jana padta aur fir waha se wapis aana padta.

Jaise hi hum train se utre mai ja raha tha EMU ki ticket lene itne mae EMU aa hi gai vo miss na ho jae isi lie hum uspe chadd gaye." Maine un logo ko apni sari situation batai ki itne mae vaha station ka thoda aur staff aagaya aur kuch Rail Wardens aagaye. Mai un sabko fir se apni baat bata raha tha ki itne mae ek uncle achanak se bole "tum to sunil ji ke bete ho na" maine kaha hann, ye sunte hi humari jaan mae jaan aai ki chalo ab maar to nahi padegi zyada se zyada fine wagarah hoga kuch to dekh lenge. Us uncle ne mujhse sari baat puchi maine sab bata diya unhe to uncle ne kaha koi nahi next time aise mat karna aur hume jaane diya. Humari bhi saas mae saas aai aur vaha se auto karke hum log sab apne apne ghar pahuch gaye.